# VOYAGES

DANS LE

# SAHARA OCCIDENTAL

et le Sud Marocain

PAR M. CAMILLE DOULS

EXPLORATEUR

Conférence faite dans la grande salle de l'Hôtel-de-Ville de Rouen
(SÉANCE DU SAMEDI 7 JANVIER 1888)

ROUEN

IMPRIMERIE DE ESPÉRANCE CAGNIARD

Rues Jeanne-Darc, 88, et des Basnage, 5

—

1888

M. le Comte Marc de Fressinet

Hommage du voyageur

Camille Douls

Février 1888

# VOYAGES

DANS LE

# SAHARA OCCIDENTAL

et le Sud Marocain

## PAR M. CAMILLE DOULS

EXPLORATEUR

*Conférence faite dans la grande salle de l'Hôtel-de-Ville de Rouen*
(SÉANCE DU SAMEDI 7 JANVIER 1888)

ROUEN

IMPRIMERIE DE ESPÉRANCE CAGNIARD

Rues Jeanne-Darc 88, et des Basnage, 5

—

1888

*Extrait du Bulletin de la Société normande de Géographie*

CAHIER DE JANVIER-FÉVRIER 1888

Mesdames, Messieurs,

Je dois tous mes remerciements à la Société normande de Géographie pour l'accueil si sympathique qu'elle me fait ce soir. Je la remercie d'avoir considéré mes travaux comme dignes d'attirer son attention, et s'il est un honneur proportionné aux peines et aux privations endurées dans mon récent voyage, c'est bien certes celui d'être reçu par une Société telle que la vôtre, Messieurs. Mes remerciements me fournissent l'occasion de répondre aux questions que l'on adresse sans cesse au voyageur sur cet élan irrésistible qui le pousse au-devant des dangers; cet élan, cette impulsion, a son essence même dans une réunion, dans un accueil comme celui de ce soir, et, comme l'a dit déjà un voyageur célèbre, c'est en prouvant à l'homme qu'on croit à son courage qu'on le force à être courageux.

Ayant formé le projet de pénétrer dans le Sud marocain, je quittai la France à la fin de l'année 1886, à destination des îles Canaries. La raison qui me faisait prendre cette route est la difficulté pour l'Européen de franchir les montagnes de l'Atlas. Les provinces du Souss et du Ouad-Noun, situées au delà de ces hautes montagnes, font partie de l'empire du Maroc depuis deux ans à peine. Le sultan, jaloux de sa nouvelle conquête, en a formellement interdit l'entrée aux Européens. Les ordres les plus sévères sont donnés aux caïds du Sud marocain pour entraver la marche, et emprisonner au besoin les chrétiens dont ils apprennent la présence. De plus, par la route de l'Atlas, je courais le risque d'être reconnu; j'avais habité la côte marocaine, et malgré le déguisement sous lequel j'étais décidé à voyager, le moindre soupçon eût compromis le succès de mon entreprise.

Je me rendis aux Canaries avec l'intention de gagner la factorerie anglaise du cap Juby et de ce point le Sud marocain. La compagnie anglaise, propriétaire de cette factorerie, possède un comptoir à Las Palmas. Les relations avec l'archipel ont lieu toutes les semaines au moyen d'un voilier qui fait le trajet en douze heures. Ce voilier est le seul moyen de communication qui relie les Canaries à cette partie de la côte d'Afrique. Je fis des démarches auprès du manager du comptoir de Las Palmas pour obtenir mon passage à bord de leur navire. Mais je me trouvai en présence d'un tel parti-pris que je dus renoncer à ce moyen de communication. Je partis pour l'île de Lanzarotte. Les pêcheurs de cette île fréquentent la côte d'Afrique. Ces parages sont très poissonneux et quoiqu'ils ne débarquent pas, les pêcheurs canariens s'approchent assez de la côte pour en connaître tous les détails. Ils ont une peur horrible de la côte d'Afrique; les naufragés qui sont surpris par les Maures sont massacrés ou réduits en esclavage, aussi quand j'exprimais mon intention de me faire débarquer seul sur cette côte lugubre on me regardait comme un halluciné ou un fou. Après bien des négociations, je trouvai enfin un marin qui voulut bien me prendre à son bord, et c'est ainsi que le 18 janvier 1887 je quittais les Canaries, déguisé en musulman, à bord de la goëlette *Adelaïda*, montée par trente-trois pêcheurs.

D'abord, notre intention fut de gagner le cap Bojador. Mais étant arrivés au coucher du soleil à ce cap, nous ne pûmes atterrir le soir même, et pendant la nuit le vent s'étant levé avec violence poussa le navire vers le Sud, de sorte que le lendemain matin nous nous trouvions à une grande distance du promontoire. Nous avions vent arrière, il nous eût été bien difficile de remonter; nous aurions, en tout cas, employé un temps considérable pour atteindre le point où nous nous trouvions la veille. Les marins avaient hâte, d'ailleurs, de prendre la route de pêche dont je les avais écartés. Je me décidai à aborder au premier point favorable. Quelques heures après nous arrivions à un second promontoire. De hautes falaises surplombaient la mer, et au sud la côte s'échancrait en une grande baie. Les marins reconnurent Garnet-cap, situé à égale distance du cap Bojador et du Rio de Oro. Le navire stoppa, la barque du bord fut descendue à la mer, et, avec cinq pêcheurs, je pris place sur les bancs de l'esquif. Quelques minutes après nous arrivions au pied des falaises. S'aidant des aspérités des rochers, trois des marins en firent l'ascension. Une corde dont ils s'étaient munis ayant été descendue, j'attachai mes deux caisses de bibelots qui devaient constituer ma paccotille de marchand arabe, et lorsque l'extrémité de la corde toucha pour la troisième fois les planches de la barque je m'en ceignis les reins et, comme les caisses, je me fis monter au faîte des dunes ; j'étais sur la terre d'Afrique. Après m'avoir serré la main avec émotion, les pêcheurs redescendirent à leur barque qui, quelques instants après, était hissée à bord de la goëlette ; puis, l'ancre ayant été levée, le navire, toutes voiles au vent, gagnait la haute mer.

Assis sur les rocs où j'avais été déposé, je contemplai pendant quelques instants, recueilli, ce point blanc qui fuyait devant moi. Ma première impression en me trouvant seul sur cette côte stérile et déserte ne fut pas celle de la crainte ; j'étais jeune, j'avais trop de foi en mon étoile pour avoir une appréhension sérieuse. Tout au plus ressentai-je un vague sentiment d'inconnu qu'augmentaient le silence et le milieu sauvage où je me trouvais. Aussi, ce fut sans joie comme aussi sans regret que je vis disparaître à mes yeux le dernier vestige de la civilisation.

M'arrachant tout à coup à mes pensées, je regardai autour de moi. C'était le désert dans toute sa stérilité. Sur un sol calcaire et fauve, des broussailles traînaient çà et là leurs branches rabougries. L'horizon, borné par de légères ondulations, se confondait à droite et à gauche avec les dunes de la côte.

Je cachai mes caisses derrière de grosses pierres et ayant aperçu vers le nord un troupeau de dromadaires qui s'avançait, je me mis résolument en marche au-devant des Maures. Je ne tardai pas à croiser le troupeau ; un petit esclave les gardait paître, et les dromadaires broûtaient par-ci par-là les maigres tiges qui émergeaient du sable. A la vue de mon visage et de mes vêtements blancs, le petit nègre se mit à fuir en poussant des cris aigus. A cause de la pénurie d'eau les Maures ne portent que des vêtements sombres. Je continuai ma marche ; un peu plus loin je rencontrai un nouveau troupeau, gardé de même par un esclave. Auprès de celui-ci je n'eus pas plus de succès et comme pour le premier, mes appels ne réussirent qu'à le mettre en fuite.

Après une longue course à travers des broussailles et des pierres aiguës, brûlé par le soleil et mourant de soif, je commençais à désespérer, lorsque j'aperçus quatre Maures qui venaient vers moi en parlant avec animation. Leur vue me raffermit et c'est presque avec joie que je les abordai. Deux de ces Maures étaient des jeunes gens, les autres étaient d'un âge plus mûr. Vêtus de peaux de bêtes, avec une longue chevelure tombant sur les épaules, le poignard au côté et le fusil à la main, ils avaient véritablement l'air farouche. Je m'avançai vers le plus âgé et lui tendant la main à la mode arabe, je lui souhaitai « la paix de Dieu ». Il ne me répondit pas mais il se recula vivement en arrière en saisissant son arme. Sans m'inquiéter outre mesure de cette réponse, je répétai ma salutation en ajoutant quelques questions sur le chef de la tribu. Je fus tout à coup saisi par derrière, terrassé et ligotté. Celui à qui je m'étais adressé posa son pied sur ma gorge tandis que les autres me dépouillaient de mes vêtements ; et comme sous cette brutale pression la respiration me manquait et que je faisais des efforts désespérés pour me délivrer, un d'entre eux me frappa violemment sur la bouche avec la poignée de son yatagan. La douleur me fit presque perdre le sentiment. Puis vint sur le lieu de la scène une femme suivie de son mari. En ce moment on partageait la somme d'argent qu'on avait trouvée en ma possession ; au milieu des cris et des menaces, un nouveau partage eut lieu, puis, quand tout fut fini, on m'aperçut gisant sur le sable. Les premiers agresseurs voulaient me jeter à la mer, le nouveau venu, qui s'appelait Ibrahim, s'y opposa et m'amena à sa tente. J'étais nu, on me rendit quelques lambeaux de vêtements ; je mourais de soif, on m'apporta dans une écuelle de bois une eau boueuse et saumâtre que je bus avec avidité. Ensuite, la tente fut envahie par une foule de Maures qui arrivaient terribles, la face voilée, et proférant des menaces de mort contre le chrétien qui souillait le pays de sa présence.

A toutes les questions qu'on me posait, je répondais avec cette ambiguïté de la langue arabe qui permet de faire face aux doutes ou aux accusations, mais ils ne me croyaient pas, et quand je leur disais : « Dieu est le plus sage ; je suis l'esclave de Dieu ; je marche dans sa voie ; c'est lui qui m'a conduit à vous », ils me répondaient : « Mais un musulman n'arrive pas par la mer. » A un certain moment, quelques-uns se saisirent de moi pour m'entraîner dehors et m'égorger. Ibrahim me défendit en injuriant ceux qui violaient l'hospitalité de sa tente. Puis tous les Maures, au milieu de cris effroyables, sortirent pour vider la querelle. Les femmes profitèrent de l'absence des hommes pour venir voir le chrétien ; elles n'en avaient jamais vu. Elles m'interrogeaient au milieu de grands éclats de rire et touchaient ma peau pour s'assurer que ma constitution physique ne différait pas beaucoup de celle des Maures. Elles me faisaient des propositions galantes et me harcelaient de questions plus indiscrètes les unes que les autres.

Ibrahim rentra, me déclarant que j'étais son captif jusqu'à ce que l'on sache si j'étais chrétien ou musulman.

Le soir, je voulus faire la prière avec les nomades ; et au coucher du soleil, tourné vers l'Orient, je fis mes ablutions avec les Maures qui me considéraient avec étonnement. La nuit, on me donna, comme à tous les membres de la tente, une écuelle de lait de chamelle qui est la seule nourriture des nomades du Sahara.

Le lendemain matin, pour m'attirer la sympathie d'Ibrahim, je lui révélai l'existence de mes caisses sur les falaises de la côte. Il alla aussitôt avertir ses compagnons. Ceux-ci déclarèrent que j'avais préparé un guet-apens et que je voulais les conduire à des chrétiens cachés, pour les faire tuer. Ils décidèrent alors de me river les fers aux pieds ; c'est ce qu'on fit, et on emprisonna mes chevilles dans des entraves reliées par une grosse chaîne de fer. On me monta ensuite en dromadaire et nous prîmes la route des falaises. Au bout de quelques instants de marche ne trouvant encore rien, les Maures crurent à une surprise, à un véritable guet-apens, et ils voulurent m'égorger sur le lieu même ; les plus modérés me défendirent. A une courte distance, nous rencontrâmes mes caisses. Elles furent immédiatement enfoncées et les marchandises distribuées en lots et partagées entre tous les Maures présents. Aussitôt après, ceux-ci se dispersèrent ; je restai seul avec quatre ou cinq jeunes Maures des plus acharnés contre moi.

Tout à coup ils me bâillonnèrent, m'attachèrent les mains derrière le dos et ayant creusé un trou dans le sable ils m'y descendirent tout attaché.

Ensuite, ils firent descendre sur mon corps le sable extrait ; la fosse se combla, de sorte que ma tête émergeait seule du sol. On me soumit à la torture de la soif en mettant hors de la portée de mes lèvres un vase rempli d'eau, mais comme j'étais presque asphyxié et que ma face congestionnée annonçait ma fin prochaine, on m'enleva le bâillon pour prolonger le supplice ; le sentiment revint et je poussai un grand cri. Ce cri attira les Maures les moins éloignés. Ibrahim fut un des premiers sur le lieu du supplice. J'attirai sur eux tous la colère divine et les rendis responsables de mes souffrances au jour du jugement. Mes paroles les émurent et mon hôte aidé de ses amis me déterrèrent aussitôt. On me délia les mains, et le dromadaire ayant été amené, je le montai et nous reprîmes la route du campement.

A peine entré dans la tente, je vis venir à moi deux inconnus complètement voilés mais dont l'apparence révélait une haute position sociale. En effet, l'un des deux ayant baissé son voile et tendu la main, j'entendis prononcer son nom. C'était le fils d'un grand shériff de l'Adrar. Après m'avoir interrogé, il me donna des paroles de consolation et me recommanda à la bienveillance des Maures, leur disant que j'étais un vrai musulman et qu'ils avaient eu tort de me dépouiller et de me torturer.

Le jour suivant, je fus examiné par un shériff du Tafilelt. Celui ci avait été à Mogador où il avait vu des Européens ; il émit des doutes sur mon orthodoxie et déclara qu'un homme seul était capable de proclamer la vérité à mon sujet : le cheikh Mel-Aynin, le chef des nomades du Sahara occidental. Le campement du cheikh était situé à trois journées de marche S.-E. Nous nous mîmes aussitôt en route pour le voir.

La région qui s'étend à l'est de Garnet-cap est très aride. Le sol s'élève en pente douce formant un petit plateau à l'étage supérieur et sa constitution est silico-micacé ; le sable recouvre d'une couche épaisse la surface du sol, laissant émerger la tête de quelques quartiers de roche et donnant naissance à une végétation naine, rachitique et très peu dense. Pendant les trois jours que dura notre marche, nous aperçûmes toujours la même constitution du sol. L'aspect général est une surface ondulée dont le relief se dirige parallèlement à la côte. L'eau y est rare et légèrement saumâtre. Les plantes sont de la famille des graminées et des spartacées. On y trouve aussi l'*euphorbum pharmaceuticum*, plante typique de la végétation saharienne que les Maures appellent *daghmouss*.

Dans la soirée du troisième jour, nous arrivâmes au campement du cheikh Mel-Aynin. Ce shériff jouit d'une si grande réputation de sainteté chez les nomades, qu'on lui reconnaît même le droit de miracle. Quelques jours avant mon arrivée, il avait, paraît-il, rendu à la vie une chamelle dont la mort avait causé une lutte terrible entre deux fractions de tribu.

A notre arrivée, le cheikh Mel-Aynin donnait audience ; les nomades lui baisaient la main avec vénération et lui demandaient des reliques. Ces reliques, qui guérissent tous les maux dans le Sahara, consistent en une poignée de sable sur lequel le shériff a insufflé sa respiration sacrée.

Je fus mis en son auguste présence. On ne voyait de sa personne que les yeux et les mains. Sa figure était voilée, et sa tête surmontée d'un turban invraisemblable comme dimension. Le reste de son corps était enfoui sous les plis d'un immense haïk couleur bleu azur. A ses côtés, des tolbas interprétaient le texte du Coran. Il me tendit la main et m'interrogea d'une voix brève mais bienveillante. Après m'avoir fait réciter le fatha et écrire mon nom en arabe sur le sable, il déclara aux Maures, qui attendaient son jugement avec impatience, que j'étais un bon musulman, qu'il fallait m'enlever les fers et me considérer comme un frère. Ensuite, il attira la bénédiction de Dieu sur tous et nous donna congé.

Mes Maures n'étaient pas encore convaincus ; ils résolurent de m'amener à un vieillard du nom de Hadj Ibrahim, à qui le voyage à la Mecque avait donné une réputation de science universelle. Son jugement devait être sans appel et ils accepteraient sa décision quelle qu'elle fût. Ce Hadj était un bon vieillard à la figure sympathique que nous trouvâmes occupé à garder ses chèvres et ses moutons. Il écouta les explications des Maures et, m'ayant examiné, il déclara que j'étais Turc. Il fallut donner des renseignements complémentaires aux Maures, qui n'avaient jamais entendu prononcer ce mot-là. Hadj Ibrahim raconta qu'en allant à la Mecque, il était passé à Alexandrie où il avait vu des Turcs qui avaient tout à fait mon apparence. Bon gré mal gré, les Maures qui m'accompagnaient furent obligés de me prendre pour musulman.

A notre arrivée au campement, l'assemblée des tolbas ayant été convoquée, on me reconnut non seulement comme musulman, mais encore comme frère dans la tribu. Ma captivité eut alors un terme ; on m'enleva les fers, on me donna une peau de bête, comme les jeunes gens, avec quelques lambeaux de guinée bleue, et on m'arma d'un fusil et d'un poignard. A partir de ce moment, jusqu'à l'époque où je quittai le Sahara, je fus un véritable nomade guerrier.

Pendant notre absence, le campement était venu à notre rencontre, et au moment où cessa ma captivité nous étions à environ 100 kilomètres de la côte. Deux jours après, nous nous mîmes tous en marche dans la direction S.-E.-E. J'interrogeai Ibrahim sur le but de notre voyage et la contrée dans laquelle nous nous rendions. Il me répondit que nous allions à la limite extrême des steppes, sur la lisière du grand Désert, ou, comme il l'appelait lui-même, de la mer de sable, pour rencontrer Ennàdjem, le père de sa femme. Son beau-père, qui venait de faire l'acquisition de deux nouveaux esclaves, désirait en céder un à sa fille et c'est pour prendre possession du jeune nègre que nous nous rendions auprès de lui.

J'étais parvenu à me faire rendre ma boussole à cadran solaire et un petit thermomètre. C'est à l'aide de cette boussole que j'ai pu tracer mon itinéraire d'une manière à peu près exacte, en m'aidant de points de repère connus. Comme points de repère, j'avais pris les caps : Juby, Bojador et

Garnet, ainsi que la factorerie espagnole du Rio de Oro, sur la côte; à l'intérieur, la sebkha d'Ijil, dont la position a été déterminée par le colonel Vincent, en 1860; la sebkha de Zemmour, visitée par le Sénégalais Panet, en 1859; Tindouf, visité pour la première fois par Lenz, en 1880.

Voici comment j'ai opéré pour tracer mon itinéraire : j'ai calculé toutes mes distances par journée de marche; la journée de marche d'un campement nomade est d'environ 25 kilomètres. J'en ai fait maintes fois l'expérience en suivant à pied la caravane et en comptant mes pas. J'avais la direction au moyen de ma boussole, et quand je voulais savoir à quel point se trouvait soit une colline, soit une plaine, soit des dunes, soit tout autre accident du sol, je demandais à plusieurs nomades, séparément, à quelle distance nous nous trouvions d'un point connu. C'est ainsi que j'ai pu savoir que j'étais sous le Tropique et à telle distance de la côte en demandant aux Maures combien de journées de marche nous séparaient de la sebkha d'Ijil, au Sud; Zemmour, au Nord; et dans quelle direction se trouvait l'embouchure du Rio de Oro par rapport à nous. Mes renseignements contrôlés, je marquais mon itinéraire.

On comprendra que j'ai dû agir avec la plus grande prudence pour ne pas éveiller l'attention sur mes demandes incessantes. Tout me servait de prétexte et un nom connu, mais que je feignais d'entendre prononcer pour la première fois, était pour moi le sujet d'une foule de questions. J'avais pu réunir quelques feuilles de papier et deux crayons. Je découpai ces feuilles en petits morceaux numérotés et que je pouvais aisément cacher dans l'intérieur de la main. J'écrivais en langue française, mais en caractères arabes, de manière à ce que si l'une de ces feuilles avait été égarée et retrouvée, elle ne pût servir d'argument contre mon orthodoxie. De plus, j'avais ménagé une sorte de poche dans l'épiderme de la peau de bête qui me servait de vêtement et c'est dans cette cachette que j'enfermais soigneusement tous les bouts de papier sur lesquels j'avais inscrit des renseignements. Lorsque je voulais prendre une note, je restais en arrière de la caravane ou bien j'attendais que le dromadaire que je montais fût isolé. Pour me servir de la boussole, j'usais des mêmes précautions ou bien j'attendais les heures de prière. Dans ce dernier cas, je prétextais de la nécessité de m'orienter avec l'instrument pour trouver la direction exacte de la Mecque, vers laquelle tous les croyants doivent se tourner à l'heure de la prière. Enfin, c'est grâce à ces stratagèmes et à ces précautions que j'ai réussi à tracer mon itinéraire et à prendre même quelques esquisses des pays que j'ai visités.

Comme je l'ai dit tout à l'heure, au moment où nous nous mîmes en marche dans la direction S.-E.-E., nous nous trouvions à 100 kilomètres environ de la côte. Nous ne tardâmes pas à croiser une courte chaîne de montagnes de peu d'altitude et se terminant, dans leur partie méridionale, en mamelons. La structure de ces roches est granitique. Au pied de cette petite chaîne, s'ouvre dans l'est une sorte de vallée, abritée des vents, dont les terres siliceuses sont très propices à la végétation saharienne, qui y atteint un plus grand développement.

En se dirigeant obliquement vers le vingt-quatrième parallèle, sur une longueur de 100 kilomètres, la surface du sol est plane avec des ondulations N.-E.-S.-O. En plusieurs endroits, il existe des dépressions généralement de forme ovoïdale qui servent d'exutoire aux eaux de pluie. Les nomades qui prennent leurs quartiers d'hiver dans cette région utilisent ces dépressions, favorables à la culture, pour y faire une récolte d'orge. Plusieurs steppes se succèdent, bornées par de légères collines. Ici, on se rapproche du grand Désert; les sables y sont plus abondants.

C'est entre les 12° et 13° longitude qu'est la limite extrême du parcours des nomades.

Dans cette région bornant la mer de sable, sur une largeur d'un degré de longitude, et dans la direction N.-S., on rencontre les « ouàdis ». Cette zone longitudinale est couverte de collines sablonneuses serrées et difficiles à franchir dans les intervalles desquelles pousse une végétation assez dense. Pendant l'hiver, ces intervalles se couvrent d'herbe que les nomades font paître à leurs troupeaux. Ce sont ces prairies que l'on nomme « ouàdis ».

C'est dans cette région que nous rencontrâmes Ennàdjem, le beau-père de mon hôte. Il appartenait à la tribu das Oulad-Sidi-Mohammed, sise un peu plus au sud. Cet Ennàdjem était fort riche, il possédait cinquante chameaux, cinq ou six cents moutons ou chèvres et trois esclaves. Il avait deux autres fils, et, en mariant Mennînà, sa fille, à mon hôte Ibrahim, il avait exigé une dot de dix chameaux. Il y avait plusieurs années qu'il n'avait vu son gendre. Il nous accueillit fort bien. Il fut surtout très heureux de voir ses quatre petits-fils, nés depuis la dernière visite de sa fille. En somme, c'était un brave vieillard, mais d'un naturel très soupçonneux.

Mis au courant des circonstances qui m'avaient rendu l'hôte de sa fille, il ne put vaincre, au premier abord, un sentiment de méfiance contre moi, et avec l'entêtement et le fanatisme des vieux Maures, il s'imagina que ma présence porterait malheur à la famille qui m'accordait l'hospitalité. Il me fallut employer toutes les ressources de ma diplomatie pour me faire bien venir du vieillard. Au bout de quelques jours j'y parvins, et, grâce à un de ces revirements fréquents à ce genre de caractère, il se prit soudain d'une si grande sympathie pour moi, qu'il me traita avec la plus grande libéralité, tâchant de réparer, par d'interminables dissertations sur le bonheur des élus, le dédain avec lequel il m'avait accueilli.

C'est chez ce Maure que pour la première fois je mangeai de la viande préparée à la mode saharienne. Pendant les quinze jours de marche que nous venions de faire, nous nous étions nourris avec du lait de chamelle et de la pâte d'orge bouillie exclusivement. Pour nous fêter, Ennàdjem tua trois moutons. Ce fut un repas pantagruélique pour les nomades. Les moutons égorgés et dépouillés, on les découpa de la tête aux pieds et on mit les morceaux dans une marmite remplie d'eau qui sussurrait sur le feu. En attendant que l'eau fût bien en ébullition, on mit dans le brasier le foie et les entrailles des animaux et, quelques minutes après, ils furent partagés tout brûlants entre les convives. Quand les morceaux de mouton eurent bien bouilli, un Maure les retira avec la main et les distribua à la ronde. Cette distribution fut assez originale. Les convives, au nombre de vingt, formaient un grand cercle autour du foyer. Le Maure qui remplissait les fonctions de maître-queux, à mesure qu'il sortait un morceau de la marmite, le lançait dans la direction d'un des convives qui était obligé de l'attraper à la volée. Quelquefois on manquait le coup et le morceau roulait dans le sable, mais c'était le moindre des désagréments et un lambeau de vêtement servant d'époussetoir avait bientôt remis les choses en ordre. Puis chacun dévorait à belle dents son morceau de viande, cuite sans sel et sans assaisonnement d'aucune sorte. Pour ma part il me revint une omoplate et un cou de mouton. Quoique je manquasse ce dernier morceau à la volée et que mon voisin eût poussé la politesse jusqu'à le nettoyer avec la manche de son vêtement, je dois déclarer que je n'ai jamais mangé de meilleur appétit. Lorsqu'il ne resta plus que les os, il y eut des assauts de courtoisie. Tous ceux qui avaient le bonheur de posséder dans leur lot un morceau de tibia ou un os quelconque renfermant de la moelle l'offraient aux dames avec une parole aimable. Celles-ci l'acceptaient avec reconnaissance et passaient le reste de la soirée à le grignoter en guise de friandise.

Quelques jours après, nous quittâmes le campement d'Ennàdjem avec l'esclave que nous étions venus chercher, et nous prîmes la direction du nord. Nous étions parvenus aux confins du Djouf, cette partie du Grand-Désert qui est en dépression et s'étend jusqu'à la route de Tindouf à Tombouktou. Le Tropique sous lequel nous étions en ce moment-là peut servir de limite entre les populations maures, nomades et sédentaires. Au sud s'étend l'Adrar et les territoires dépendants de Ould-Aïdda. Au nord se développent les steppes ou parcours de nomades qui n'ont de limites que les ramifications de l'Anti-Atlas du Sud marocain.

La partie du Sahara qui s'étend entre le Tropique et la Sebkha de Zemmour a un aspect très varié. On y trouve des montagnes, des dépressions, des collines et des dunes de sable. — Nous suivîmes d'abord la ligne des oaregs, qui sert de limite entre les steppes et les sables du Grand-Désert. La région est entrecoupée par des alternatives rocheuses et sablonneuses ; en dehors des ouâdis, la végétation est pauvre. A gauche, on aperçoit des collines d'une forme toute particulière, on dirait de loin certaines meules de foin dont la partie supérieure a plus de volume que la partie inférieure. Elles prennent aussi l'aspect d'arbres feuillus gigantesques. Ces collines sont isolées et se détachent d'un sol plan.

En continuant sa marche vers le nord, avant d'arriver à Zemmour, on rencontre des dépôts salins. Ces dépôts se forment sur des couches de phyllades carrelées, parallèles et un peu en dépression de la surface du sol. Les pluies d'hiver s'amassent dans ces sortes de cuvettes qui deviennent de véritables marais salants. Dans cette même région, on trouve des roches éruptives. La végétation a un plus grand développement et les arbustes y croissent en quantité. On y rencontre des variétés de mimosas et de gommiers. Au sud de Zemmour, les collines se resserrent et en plusieurs endroits forment de véritables chaînons. Sous l'action des agents atmosphériques, ces collines de grès s'effritent, se décomposent et couvrent la surface du sol d'un sable épais et tenu.

Plusieurs circonstances nous obligèrent à nous arrêter dans la région de Zemmour. Depuis les ouâdis, nous étions en marche avec deux ou trois familles d'une autre fraction des Oulad-Delïm. En arrivant près de Zemmour, une femme de l'une des autres tentes mit au monde un enfant. Comme les femmes chez les nomades voyagent montées sur des dromadaires, en palanquin, cette naissance n'arrêta pas du tout la marche de la caravane. Ce n'est que le soir, comme d'habitude, au coucher du soleil, que le campement fût choisi et que la mère et le nouveau-né purent enfin descendre de leur monture. Les nomades sont sobres de réjouissances, aussi les fêtes de la naissance n'eurent rien de bien remarquable. On tua un ou deux moutons, on tira quelques coups de fusil, on félicita le père et ce fut à peu près tout. Mais si les cérémonies sont peu brillantes, les coutumes sont fort singulières chez les nomades. Ainsi, dans ma tribu, à la naissance d'un enfant, si la mère met au monde un garçon, elle se barbouille la figure avec une décoction de plantes vertes pendant quarante jours. Si c'est une fille, elle ne fait subir la même opération qu'à la moitié gauche de la face. On profita de ce répit pour célébrer une cérémonie de famille qui est aussi assez curieuse. Les petits nomades portent au sommet de leur tête, trois longues mèches de cheveux qui se tiennent raides, pareilles à trois cornes. A chaque grande circonstance de leur vie de jeune homme, on coupe une de ces mèches, en ayant soin de garder pour la dernière, celle de l'occiput. Comme celle-ci est la plus difficile à faire enlever, elle allonge beaucoup et plusieurs jeunes gens atteignent presque l'âge d'homme avec une véritable natte derrière le dos. Cet ornement n'est pas du tout un honneur chez eux, et ils ont hâte de s'en voir débarrasser. Pendant notre dernière marche, un des fils de mon hôte s'étant distingué pour le soin qu'il portait au troupeau de dromadaires et ayant de plus à lui seul dressé trois chamelons, il se vit débarrasser de l'une des trois mèches qui surmontaient le sommet de sa tête. Ce fut encore l'occasion de la mort d'un mouton, et pendant les deux jours que dura notre station, nous réparâmes autant que possible les fatigues et privations passées.

Zemmour est remarquable par sa sebkha. — On appelle sebkha dans le Sahara, de grands lacs salés, de même forme et de même constitution que les dépôts salins dont je parlais tout à l'heure. — La plus importante de toutes ces sebkhas est celle d'Ijil, située entre l'Adrar et le Tiris, et qui a une superficie de 25 à 30 kilomètres de longueur sur 10 à 12 de largeur. Les couches de sel cristallisé y sont au nombre de quatre, variant de 5 à 20 centimètres d'épaisseur; le colonel Vincent, qui l'a visitée en 1860, estime à 4 000 000 de kilogrammes l'extraction annuelle de cette fameuse sebkha. Ce sel gemme, découpé en plaques, est importé dans le Soudan où il acquiert une très grande valeur commerciale.

La sebkha de Zemmour est peu exploitée, le sel s'y trouve en couches très minces, et une partie de l'année, l'eau croupit dans les bas-fonds. Des collines entourent la sebkha et la mettent ainsi à l'abri des sables mouvants. Quant à sa position marquée sur les cartes, d'après l'itinéraire du sénégalais Panet, elle me paraît être trop au nord. J'ai pris beaucoup d'informations auprès des Maures pour avoir des renseignements précis, et d'après l'orientation des nomades qui fréquentent ces parages il faudrait la placer à peu près au 25e parallèle.

De Zemmour, nous nous dirigeâmes vers le nord-ouest, dans la direction du cap Bojador, sur la côte. Je retrouvais la même constitution du sol signalée au sud parallèlement à notre itinéraire, avec les mêmes ondulations. Plus loin, je croisais une longue plaine de plus de 100 kilomètres, très fertile et donnant naissance à une végétation très dense. La végétation de cette partie du Sahara comprend des graminées et des spartacées. L'eau y est moins rare. En quittant cette plaine, on croise une petite chaîne de montagnes de structure granitique et on pénètre dans cette région stérile, connue par les nomades sous le nom de Ragg.

La traversée de cette lugubre contrée restera comme un des épisodes les plus mémorables de mon voyage. En prévision de la difficulté de la route, les chameaux avaient fait ample provision d'eau aux derniers puits. Les moutons et les chèvres avaient été conduits de même plusieurs fois de suite à l'abreuvoir, et on avait utilisé toutes les outres disponibles pour emporter le plus d'eau possible. — Rien ne fut plus triste que cette marche de trois jours à travers une contrée pierreuse, fauve et dénuée de végétation. Un soleil brûlant, que la radiation du sol rendait plus intolérable encore énervait le corps et jetait l'esprit dans une véritable prostration. A la fin du premier jour de marche, je subis un phénomène physique commun chez les peuplades du Sahara. La chaleur et les privations excitent tellement le système cérébral, qu'on éprouve un genre d'hallucination, nommée *ralgue* par les indigènes. C'était trois ou quatre heures de l'après-midi : le campement avec le troupeau de dromadaires marchait en avant. Les chèvres et les moutons, fatigués par la chaleur suivaient péniblement derrière à une grande distance. Tous les Maures, à cause de la difficulté de la marche, avaient monté leur chameau favori. Les femmes et les petits enfants sommeillaient dans les palanquins, endormis par le balancement lent et monotone de leurs montures. Un nomade, inspiré par la situation, chantait une de ces mélopées mélancoliques, nées dans le désert, et dont le rhytme langoureux réveille si bien les souvenirs. C'était le second mois que j'étais chez les nomades; les privations de toutes sortes et surtout le manque de nourriture avaient émacié mon corps et en rendant plus sensible mon système nerveux me prédisposaient à ces hallucinations dont je parlais tout à l'heure. Tout-à-coup le Désert changea d'aspect, il devint plan et uni comme la surface d'un lac ; les cailloux disparurent et firent place à un sable fin, brillant comme des paillettes de mica. Le dromadaire que je montais se trouva soudain isolé, et je me trouvais seul entre le ciel et la terre sur cette plaine resplendissante. Puis, dans le lointain j'entendis des voix douces et mélodieuses qui étaient à mes oreilles ce qu'était la surface éblouissante du désert à mes yeux. J'entendais ce qu'un Maure eût appelé des voix célestes et je voyais ce qu'il eût pris pour un « désert du Paradis. » Pendant tout le temps que dura cette vision, le sentiment de la perception avait complètement disparu ; je subissais une sorte d'hypnotisme, j'étais toujours assis dans la même position perpendiculaire sur ma monture et mes paupières ne s'étaient pas fermées. — Mais l'expression de ma physionomie devait révéler le phénomène que je subissais, car un Maure, surprenant mon regard d'halluciné qui fixait l'horizon sans voir, me frappa sur l'épaule en criant : réveille-toi, réveille-toi, tu as le ralgue, tu vas devenir fou !...

Notre second jour de marche à travers le pays de Ragg fut rendu encore plus difficile par le vent brûlant qui soufflait de l'est. L'atmosphère était d'une lourdeur extrême et le sable soulevé avec force obscurcissait l'horizon et nous enveloppait d'un nuage compacte. Nous étions obligés de nous envelopper complètement la face pour ne pas avoir la gorge desséchée et les yeux aveuglés. C'est ce qui explique la coutume constante qu'ont les Maures des deux sexes de se voiler la partie inférieure de la face. Il est absolument impossible d'affronter un pareil vent à visage découvert.

Le troisième jour, nous arrivâmes enfin dans la région du cap Bojador après avoir traversé un chott qui était à sec à ce moment, mais qui doit servir d'exutoire aux pluies hivernales de cette partie du Sahara. — Ici la constitution géologique du sol change. La surface sablonneuse est percée par la pointe de quartiers de roches aiguës et sillonnée par de petites collines de grès qui s'effritent sous l'action des éléments. — Les grands vents qui règnent pendant huit mois de l'année dans cette contrée et qui exercent une action plus énergique sur la désagrégation de roches expliquent le grand nombre de dunes qui existent sur la côte, dans la région du cap Bojador.

Cette désagrégation de roches est très remarquable. Les gros quartiers de grès commencent à se détacher des collines, rongés extérieurement en forme cylindro-conique. Puis la partie intérieure s'effritte et se perce jusqu'à ce qu'il ne reste plus que l'enveloppe extérieure. Ces fragments de roches ont alors absolument la forme de cylindres.

La région du cap Bojador est une des meilleures steppes du Sahara occidental; aussi, pendant une partie de l'année, les nomades viennent camper dans ces parages. A chaque journée de marche, on y trouve des puits et la végétation y est plus abondante. La nature du sol est quartzeuse, et de nombreux cailloux en couvrent la surface. L'apparence est une succession de plaines avec de longues ondulations généralement parallèles à la côte, qui bornent de très près l'horizon. Les nomades appellent la région du cap Bojador, el Kddàh. Dans le Kddàh, on trouve en quantité ce que les indigènes nomment *grara*. Les grara sont de petites oasis d'arbustes de hauteur moyenne, qui tachètent la surface fauve et sablonneuse des steppes. Ces petites oasis, à certains endroits, sont très denses. Entre le cap et le faux cap Bojador, à 30 kilomètres du rivage, j'en ai compté jusqu'à soixante dans une seule journée de marche.

Nous ne fîmes qu'un très court séjour dans le Kddàh, et, après quelques jours de repos, nous ne tardâmes pas à nous mettre en route vers le nord. Une de nos premières marches fut signalée par une attaque de caravane et une scène de carnage dont j'aurai longtemps l'horreur présente à la mémoire. La tribu des Oulad-Delim, dont j'étais l'hôte, a, dans tout le Sahara occidental, une réputation de férocité qui n'est pas du tout surfaite. Toutes les fois qu'un Oulad-Delim trouve une occasion de tuer ou de piller, il la saisit avec empressement, et ses instincts farouches sont redoutés de tous les autres Maures nomades. Comme nous étions donc en marche vers le nord, nous aperçumes à l'horizon une caravane, qui venait en sens inverse. La vue des dromadaires chargés indiquait clairement qu'il s'agissait d'une caravane commerciale. Aussitôt, on envoya deux éclaireurs pour reconnaître les arrivants. Une demi-heure après, ils étaient de retour, et rapportaient que la caravane venait de Tindouf, portant un chargement de dattes dans le Tyris. Elle se composait de trente hommes, de dix femmes et quelques enfants; de quarante-huit dromadaires mâles ou femelles, et appartenait à des Maures de la tribu des Oulad-Tydérarin. L'attaque fut aussitôt résolue. On arrêta la marche du campement, on déchargea les dromadaires et on mit les femmes et les enfants en sécurité derrière un accident de terrain. On prépara en silence les armes, qui se composent de fusils à pierre achetés au Sénégal et de poignards marocains, et chaque Maure monta un dromadaire. Puis on se mit en marche dans la direction de la caravane. Tous les hommes du campement faisaient partie de l'expédition. Nous étions quatre-vingts guerriers; je dis *nous*, car on avait exigé que j'accompagnasse la troupe pour utiliser, au besoin, les armes dont j'étais pourvu.

3

Mais, par condescendance, on m'avait relégué à l'arrière-garde, et je ne devais prendre part au combat que si la situation des agresseurs devenait critique.

Lorsque nous ne fûmes plus qu'à 200 mètres de la caravane, Ibrahim, qui commandait l'expédition, brandit son fusil en l'air en criant : « Bismillâh ! bismillâh ! » et mit sa monture au trot, courant sus aux Maures convoyeurs. Tous les Oulad-Delim l'imitèrent en faisant des grimaces horribles et en poussant des cris terrifiants pour épouvanter leurs victimes.

A cause de la mauvaise qualité de leurs munitions et de leurs armes, il est rare qu'un coup de feu de nomade, tiré à quelques mètres de distance, soit mortel ; mais l'effroi fit plus de mal aux Maures attaqués que la décharge des fusils. En reconnaissant les terribles Oulad-Delim, ils furent pris d'une peur folle, et, sans songer à se défendre, ils se débandèrent aussitôt. Les Oulad-Delim en vinrent bientôt à bout ; dans la proportion de trois contre un, toute résistance était impossible ; aussi, dix minutes après, les corps de vingt-cinq Oulad-Tyderarin jonchaient le sol ; cinq d'entre eux, grâce à la rapidité de leur monture, avaient pu s'enfuir. Les vingt-cinq Maures avaient tous été égorgés. Le spectacle était horrible : les dromadaires affolés faisaient entendre leur cri plaintif ; les femmes, se tordant les bras vers le ciel, poussaient des gémissements et des sanglots que dominaient seuls les hurlements des enfants, tandis que sur le sable, au milieu de larges mares de sang, quelques malheureux nomades, la gorge entr'ouverte, se tordaient dans les convulsions de l'agonie.

Le butin fut aussitôt partagé entre tous les Maures du campement, et les femmes et les enfants, tirés au sort, furent amenés comme captifs. Ensuite, nous reprîmes notre marche comme si rien d'anormal ne se fût passé.

Au nord du cap Bojador, on trouve des dunes qui s'entrecroisent, les unes se dirigeant parallèlement à la côte, les autres perpendiculairement à 40 ou 50 kilomètres du rivage. Ces dernières atteignent 250 pieds environ d'altitude. A la hauteur du faux-cap, la plaine est brusquement coupée par une vallée de constitution crétacée, à l'extrémité de laquelle est creusé un puits fort abondant. Vingt kilomètres plus au nord, on rencontre plusieurs lagunes à fond schisteux, qui servent à l'abreuvage des troupeaux. En continuant toujours sa marche vers le Nord, parallèlement à la côte, on croise une grande plaine quartzeuse, couverte de cailloux, avec des graminées et quelques tiges d'alfa. Depuis le cap Bojador, on trouve aussi en quantité l'euphorbe, que j'ai signalé au début de ma relation.

Entre le cap Bojador et l'embouchure du Saguiat-el-Amra, on croise une plaine remarquable par cinq ou six *brourj* ou tumuli qui servent de tombeaux aux Européens naufragés, assassinés par les Maures. Chaque nomade qui passe jette en signe de mépris une pierre sur le tumulus, qui augmente chaque année de dimension. C'est dans cette plaine que beaucoup de géographes placent la rivière Belta. Ce que les navigateurs ont pris pour une rivière est simplement un thalweg comme il en existe beaucoup dans la zone des *areg* (dunes), qui devient torrent à l'époque des pluies et débouche dans la mer avec l'apparence d'une rivière.

Un peu au nord, on trouve los Matillos. Los Matillos, nommés ainsi par les premiers navigateurs portugais qui ont vu cette côte, sont de hautes dunes de sable qui s'étendent parallèlement au rivage sur une longueur de près de 100 kilomètres. Elles ont pour point de départ l'embouchure du Saguiat-el-Amra et se terminent un peu au sud du vingt-septième parallèle. Ces dunes ont une altitude moyenne de 70 mètres. Elles sont très difficiles à franchir et les nomades les évitent en passant dans l'intérieur. Au nord de los Matillos, l'embouchure du Saguiat-el-Amra se fraye un passage à travers les dunes. Cette rivière est très importante, car une partie de l'année l'eau coule à la surface, fertilisant tous ses bords. Son nom arabe veut dire « rivière rouge », à cause de la couleur de la terre argileuse qui forme son lit.

En arrivant près de Saguiat-el-Amra, il se passa un événement qui eut une telle influence sur mon séjour et mes rapports avec les Maures nomades que je ne saurais le passer sous silence. Ibrahim, mon hôte, s'était pris d'une grande sympathie pour moi et il résolut de m'attacher définitivement à la tribu en me donnant en mariage sa fille Eliazize, une enfant de treize ans aux grands yeux noirs, au teint bruni. Il ne me fit pas les ouvertures directement et eut recours à l'intermédiaire de quelques jeunes Maures de la même tribu. On sait qu'en tout pays musulman c'est le fiancé qui apporte la dot ou plutôt qui achète la femme dont il veut faire son épouse. Chez les Maures nomades, la dot se paie en valeur de dromadaires. C'est ainsi que j'ai dit plus haut que la femme de mon hôte lui avait coûté dix dromadaires. Valeur fictive pour la plupart du temps et qui est souvent payée en chèvres, moutons, ou bien même en argent. Après bien des négociations, je tombai d'accord avec Ibrahim pour une dot de sept dromadaires. Mais la question du paiement était embarrassante, ayant été dépouillé au début de mon voyage et ne possédant pour le moment aucune valeur, comment donner sept dromadaires? C'est alors que je vis tout le parti que je pouvais tirer de cette situation ; depuis longtemps je cherchais un prétexte plausible pour quitter les nomades, cette offre de mariage et la difficulté pour moi de payer la dot, fut ce prétexte. J'allai trouver Ibrahim et lui tins à peu près ce langage :

« C'est avec le plus grand plaisir que j'accepte les avances que tu m'as faites ; mais j'ai été dépouillé, tu le sais mieux que personne, aussi je ne puis te donner immédiatement ma dot. Cependant, il y a un moyen d'arranger les choses. Si tu le veux, nous irons ensemble au Ouad-Nour ; tu me présenteras au caïd Ould Beyrouk comme ton futur gendre, et tu lui demanderas pour moi une monture et un guide pour gagner le Maroc à travers le Souss. Je connais le Maroc, il me sera facile de trouver la route de mon pays ; et puis, quelques mois après, s'il plaît à Dieu, je reviendrai par le même chemin t'apportant la valeur, et au delà, de ma dot ».

Ibrahim, sans défiance, accepta ma proposition, et il fut convenu que dans quelques jours nous prendrions la route du Sud marocain. Mon hôte avait une charge et demie de peaux de chèvres et de moutons ; depuis longtemps, il manifestait le désir de s'en débarrasser ; mais il ne pouvait les vendre ou les échanger que dans un marché important, et depuis une couple d'années il n'avait pas quitté l'intérieur des steppes. Pour le moment, l'occasion était très favorable : nous n'étions qu'à dix journées de marche de Tindouf. Nous devions, il est vrai, aller dans quelques jours au Sud marocain, au Ouad-Noun, où il eût trouvé aussi à se débarrasser de sa marchandise, mais il voulait emporter en échange des dattes, et ce fruit est bien meilleur marché à Tindouf. Pour un nomade, qui passe sa vie à courir, dix journées de marche de plus ou de moins ne sont rien ; aussi il résolut de se rendre dans cette oasis. Mais il ne voulait pas emmener le campement. Précisément, les bords du Saguiat, où nous nous trouvions en ce moment-là, sont couverts de plantes arborescentes fort estimées des animaux. Il choisit un emplacement pour le camp, et ayant remis la direction de la tente à sa femme, il se mit en marche vers Tindouf, n'emmenant pour compagnons de route qu'un autre Maure et moi.

Dès que j'avais appris les intentions de voyage d'Ibrahim, je ne lui avais pas laissé de repos qu'il ne m'eût promis de me choisir comme compagnon de voyage. Ce nom de Tindouf exerçait sur mon esprit l'effet d'un véritable mirage. Les nomades ne m'en parlaient qu'en termes d'admiration, et puis je savais qu'elle n'avait été visitée encore que par un seul Européen, le docteur Lenz, et que la route qui séparait cette oasis du point où nous nous trouvions n'avait pas été encore suivie. Toutes ces considérations affermirent davantage mes projets et je résolus de visiter cette oasis, même au prix des plus grandes fatigues.

Notre caravane se composait de cinq dromadaires, dont deux chargés de peaux et trois montés par chacun de nous. En vrais nomades, mes compagnons de route n'emportèrent pour provisions que quelques poignées de grains d'orge et une outre d'eau.

Nous remontâmes d'abord le cours du Saguiat-el-Amra, dont la direction est dans sa partie inférieure est-ouest. Sur une longueur de près de 100 kilomètres, le Saguiat est bordé par de petites dunes et encaissé; sa largeur moyenne est de 60 mètres. Ses bords sont couverts de petits arbustes de la famille des sapins. Jusqu'au milieu de son cours, c'est-à-dire à 180 kilomètres environ de son embouchure, le Saguiat-el-Amra est à sec une grande partie de l'année, mais les Maures, en creusant son lit, trouvent toujours de l'eau à une petite profondeur, ce qui prouve que cette rivière a des lits superposés dont l'inférieur coule entre deux couches de terre imperméable. Deux marigots conduisant les pluies d'hiver débouchent dans la partie inférieure de son cours sur la rive gauche. A 100 kilomètres environ de son embouchure, le cours du Saguiat change un peu de direction et oblique un peu vers le sud. Comme Tindouf est à l'est, nous quittâmes là rive gauche de la rivière pour prendre pendant quelque temps la rive droite, puis nous continuâmes à suivre directement vers l'est notre route, perdant complètement de vue le cours du Saguiat. Je dois ajouter que la partie moyenne de cette rivière au point où nous l'avons croisée est bordée de plaines fertiles et très favorables à la culture. Les Maures y sèment de l'orge et y font en quelques mois une magnifique récolte. La végétation elle-même y est plus dense et les troupeaux y trouvent d'abondants pâturages. L'eau du Saguiat-el-Amra est douce et très légère.

Comme je l'avais prévu, cette marche fut très pénible. J'eus à subir surtout de grandes privations. Nous nous arrêtions tous les soirs au coucher du soleil. Si nous trouvions des campements de Maures, nous demandions l'hospitalité. Certes, l'exercice de l'hospitalité est la plus grande vertu des Maures nomades et une telle vertu les relève beaucoup à mes yeux. Lorsque nous arrivions dans un campement, nous avions soin de nous arrêter discrètement à quelques pas des premières tentes. Les Maures venaient alors vers nous et, nous serrant la main, nous souhaitaient la paix de Dieu. Ils faisaient abattre ensuite nos dromadaires, les déchargeaient, leur mettaient des entraves aux pieds et nous priaient de les suivre. Nous étions introduits dans la tente du plus riche d'entr'eux, on nous offrait la meilleure place, le premier lait de la traite était pour nous, et puis, lorsque la prière du soir avait été récitée en commun et que l'heure du repos était venue, nous avions une grande couverture pour nous envelopper et passer la nuit le plus chaudement possible. Et tout cela sans question indiscrète, sans nous connaître, sans demander qui nous étions, où nous allions, d'où nous venions. Ces devoirs d'hospitalité s'exerçaient méthodiquement avec le même respect depuis le chef de la tente jusqu'au dernier esclave. Quelquefois nous ne rencontrions qu'une ou deux tentes isolées gardées par quelques femmes ou filles, les Maures étant absents. Dans ce cas, l'accès de la tente nous était interdit et, selon la coutume, nous nous arrêtions à une vingtaine de pas du camp. La maîtresse de la tente venait alors au-devant de nous, nous souhaitait la bienvenue, nous invitait à descendre de nos montures et choisissant un accident du sol comme abri, nous le désignait. Ensuite, elle allait chercher la natte de la tente, ainsi que le tapis qui sert de couverture de famille pendant la nuit, et l'étendant sur le sol nous priait d'y prendre place. Elle avait soin, avant de nous quitter, d'allumer un feu devant nous pour combattre la fraîcheur de la soirée et elle nous disait de prendre patience en attendant le repas. Si la tente était riche et possédait beaucoup de chamelles, on nous apportait un énorme plat de lait; dans le cas contraire, les femmes se hâtaient d'écraser des graines d'orge avec leur moulin à pierre et, après avoir fait bouillir cette farine dans l'eau, nous servaient une sorte de gâteau que nous mangions avec délices. Malheureusement, nous ne rencontrâmes pendant nos dix jours de marche que cinq campements, de sorte que les cinq autres jours nous fûmes obligés de nous coucher presque sans nourriture et sans natte ni tapis. Ibrahim faisait alors une distribution d'une poignée d'orge à chacun de nous et nous étions obligés de nous contenter de ce maigre aliment, après un jeûne de vingt-quatre heures. Mais je souffrais surtout du froid pendant la nuit, la radiation s'exerçant avec une grande intensité sur la surface siliceuse du sol, la fraîcheur nocturne était extrême; le thermomètre descendait à $+4°$ après le coucher du soleil. Et nous n'avions rien pour nous couvrir, rien pour interposer entre nos membres et le sol. Si parfois je me plaignais à Ibrahim, il me consolait par quelques citations du Coran et paraphrasait les paroles de Mahomet qui, lui aussi, a dit : « Plus les souffrances seront grandes, plus la récompense sera douce ».

En quittant les plaines du Saguiat, nous parvînmes aux pieds du plateau d'El Hamâda. Hamâda, en arabe, veut dire plateau, et el hamâda veut donc dire le plateau par excellence. Celui-ci est, en effet, le plus étendu et le plus élevé du Sahara occidental. La plaine qui précède le plateau est sillonnée de collines de grès, de quartz et de shistes. Le penchant ouest de l'Hamâda est couvert d'un argile fauve et de dépôts crétacés. La constitution de l'étage supérieur est quartzeuse et on y trouve beaucoup de cailloux. Sur ses penchants croissent de nombreux arbustes tels que des mimosas, des jujubiers, des épineux. C'est à l'est d'El Hamâda qu'est située l'oasis de Tindouf.

Tindouf n'est qu'un bourg, mais pour les nomades qui ne possèdent sur leur territoire ni villes ni villages, cette oasis prend pour eux les proportions d'une grande capitale. Quant à moi, je dois avouer qu'à la vue de l'oasis, je subis l'impression des nomades, et ces quelques petites maisons que j'apercevais là-bas aux pieds d'une colline, ce minaret encadré par la cime de quelques palmiers qui se détachait sur le fond sablonneux de la plaine, me transportèrent de joie. Depuis quatre mois que j'errais dans le Sahara, je n'avais pas vu la plus petite construction, pas le moindre palmier. Tindouf m'apparut comme une grande cité. Le matin du dixième jour, nous nous étions joints à une caravane de Maures qui se rendaient comme nous à Tindouf. Nous nous réveillâmes sous d'heureux auspices et c'est tout joyeux que nous nous mîmes en marche; on eût dit que les dromadaires eux-mêmes sentaient l'oasis, car ils marchaient d'un pas plus allongé et leur tête se tenait plus allègre. Vers le milieu du jour, nous atteignîmes le penchant d'El Hamâda, et tout à coup nous aperçûmes Tindouf. La caravane s'arrêta, tous les nomades descendirent de leur monture et, s'étant prosternés trois fois contre terre vers l'Orient, ils commencèrent la récitation du fatha. Puis, quand ils eurent fini, ils se levèrent, et, dressant les bras vers les cieux, crièrent d'une voix puissante : El Hamdou l'llah ! Il y avait plusieurs années que ces nomades ne s'étaient approchés d'une cité quelconque, ils remerciaient Dieu de les avoir amenés au but sains et saufs.

Fondée en 1857 par un marabout de la tribu des Tadkjaants, nommé Bel Hamedj, l'oasis de Tindouf ne tarda pas à prendre un grand développement et une importance commerciale. Tindouf est bâti au pied d'une colline et possède quelques jardins et un puits remarquable par sa fraîcheur. Ses maisons sont construites avec de l'argile séchée au soleil, sans poutres ni solives. Comme monuments, elle ne possède qu'une mosquée dont le minaret domine l'oasis et se voit de fort loin sur la route de Timbouktou, et une koubba dans la partie sud du bourg. Située sur la route des caravanes du Soudan, elle est mieux qu'In-Çalah dans le Touât le point de concentration des différentes routes qui se dirigent, du nord-ouest de l'Afrique, vers Timbouktou. Cinq artères y aboutissent : la route du Ouad Noun et de Glimin, qui se prolonge jusqu'à Mogador; celle d'Akka et de Maroc, celle du Tafilelt, une autre du Touât et du Sud-Algérien, et enfin celle des nomades de l'ouest par le Saguiat-el-Amra. Les caravanes qui viennent de Timbouktou laissent une partie des marchandises et presque tous les esclaves à Tindouf. Ainsi la *grande akabar* de cette année, qui amenait 520 esclaves des deux sexes, a laissé à Tindouf 490 de ces nègres, qui y ont été vendus et dirigés dans toute l'Afrique septentrionale.

De plus, les caravanes laissent dans ce marché toutes les marchandises de peu de valeur qui ne peuvent supporter les frais d'un long voyage, comme les peaux de girafes, les poils de chameaux ou de chèvres.

Pendant mon court séjour dans l'oasis, j'y ai croisé une caravane qui venait aussi du Soudan avec des esclaves. Elle se composait d'environ 200 chameaux et d'un même nombre d'esclaves. Je dois avouer que tous ces jeunes nègres m'ont paru être dans un état de santé aussi satisfaisant que pouvait le laisser espérer la dure traversée du désert qui s'étend depuis Araouan jusqu'à Tindouf. Une partie des chameaux était chargée d'outres remplies d'eau. En route, dès qu'une outre se vidait, elle était remplacée aussitôt, comme charge, par un petit nègre ; de sorte qu'à leur arrivée à l'oasis, la plupart des esclaves avaient une monture. Sur 200 esclaves, il n'y en avait certainement pas 20 qui fussent vraiment malades.

La moyenne des prix d'esclaves, à Tindouf, est ainsi fixé :
Esclaves femelles de 9 à 13 ans, de 350 à 450 francs.
— mâles, du même âge, de 250 à 350 —
Adultes des deux sexes, de 13 à 20 ans, de 150 à 250 francs.

Il est rare qu'on envoie des esclaves de plus de 20 ans ; leur valeur varie entre 75 à 150 fr. Depuis dix ans, Tindouf a doublé comme étendue et comme population. J'estime à 200 le nombre de ses maisons. Les habitants m'ont paru être d'une couleur plus foncée que les populations environnantes, probablement à cause de l'élément nègre. Ils portent le même costume et ont les mêmes mœurs que les Maures du Sahara. Ces caravanes, qui se dirigent de l'Afrique septentrionale et du Moghreb vers Tombouktou, se concentrent dans cette oasis pour former l'akabar, qui comprend parfois plusieurs milliers de chameaux. Enfin, les dattes y sont meilleures et d'un prix inférieur au cours du Ouad-Noun ; aussi, c'est de préférence dans cette oasis que les nomades viennent se ravitailler, portant en échange des peaux de mouton et de chèvres, de la laine et des poils de chameaux. On voit l'importance commerciale de cette place, dont la renommée est, pour les Maures, hors de pair dans toute l'Afrique septentrionale.

Avec Ibrahim, nous restâmes trois jours à Tindouf, logeant chez un habitant du Ouad-Noun, qui fait le commerce des peaux et des dattes. Les échanges se firent chez notre hôte, puis nous reprîmes la direction de l'ouest, vers le cap Juby. Ce voyage de retour ne fut pas plus remarquable que l'aller, et nous eûmes à subir les mêmes privations et les mêmes fatigues. Quelquefois, trouvant un campement qui nous donnait l'hospitalité, le plus souvent nous nourrissant de dattes que nous avions emporté et dormant sur le sol nu.

Pendant la marche je fus témoin d'un mariage. Comme je l'ai déjà dit, les Maures, sont très sobres de réjouissances, aussi cet événement n'eut en lui-même rien de fort remarquable. On tira des coups de fusil, on tua quelques moutons et on félicita les jeunes époux comme à la naissance que j'ai décrite. Mais le clou de la pièce, si je puis ainsi m'exprimer, fut une danse maure. Comme dans toute l'Afrique septentrionale, les femmes seules dans le Sahara s'adonnent à la danse. Dans notre tribu, la jeune fille qui remplissait le rôle de bayadère était une belle créature de quatorze ans, aux traits réguliers, aux yeux provocants, qui exprimait à merveille le sentiment de la danse arabe. On le sait, la danse arabe a un caractère de désinvolture, pour ne pas dire plus, qui choque nos idées européennes. Cette danse, qui est toute faite de la mollesse orientale et de la monotonie de la vie arabe, forme un contraste frappant avec le caractère sombre et taciturne des Maures du Sahara. Aussi, ce fut avec un grand intérêt que j'assistai à cet étrange spectacle.

C'était le soir, devant la tente des jeunes époux. Les femmes étaient assemblées à droite du cercle, les hommes à gauche. Deux instruments composaient l'orchestre : une flûte en roseau, comme au beau temps de

Virgile, et un tambourin. Un immense foyer éclairait la scène. A un signal donné, le silence le plus grand succéda aux murmures de la conversation. Les musiciens préludèrent aux accords et la jeune nomade commença sa mime. Certes, ce qui me frappa le plus dans le spectacle ne fut pas tant la gracieuseté et la passion de la jeune danseuse, que l'expression de la physionomie des spectateurs eux-mêmes. Les femmes souriaient discrètement et les Maures, les yeux rêveurs, égrenaient leurs chapelets en récitant quelques versets du Coran. Plusieurs avaient un regard de visionnaire et leur face, transfigurée, exprimait bien leurs sentiments intimes; c'était pour eux un avant-goût des félicités du paradis de Mahomet. Quelques-uns poussaient des soupirs et on les entendait murmurer : Oh Allah! fais que nous soyons au nombre des élus !

Le lendemain, les amies de la jeune épouse allèrent la trouver dans la tente nuptiale, la coiffèrent et oignirent son corps avec du beurre, après s'être servi d'urine de chamelle comme lotion.

Au lieu de suivre la route que nous avions prise en venant, nous nous dirigeâmes un peu plus au nord, directement vers l'est, en traversant la Tekna. Nous croisâmes d'abord une chaîne de collines qui s'appuient sur El Hamâda. Ces collines de grès sont d'une altitude moyenne. La Tekna est généralement fertile, ses plaines calcaires et marneuses ont des intermittences très propices à la culture. Les Maures ensemencent les parties arables et font une ou plusieurs récoltes d'orge par an. Les pays que nous traversâmes sont habités par les Oulad-Moussa et les Shkarna. Après neuf jours de marche, nous atteignîmes la partie inférieure du Saguiet-el-Amra, notre point de départ. Le territoire habité par les Oulad-Tyderarîn est stérile et sablonneux. Des collines traversent le pays en tous sens, bornant de près l'horizon.

En arrivant au campement, nous trouvâmes la tribu en deuil. Pendant notre absence, deux jeunes gens s'étaient pris de querelle; ils s'étaient servis de leurs armes et l'un des deux avait été blessé mortellement. Le meurtrier était en fuite. Le blessé, après une agonie de trois ou quatre jours, venait de rendre le dernier soupir. Le corps du jeune guerrier était étendu sur la natte de la tente et entouré de toutes les femmes du campement qui poussaient, pendant des heures entières, des hurlements affreux. Elles se tordaient les mains, déchiraient leurs vêtements et se meurtrissaient le visage. A la porte de la tente, plusieurs Maures, le fusil d'une main, le chapelet de l'autre, psalmodiaient les chapitres du Coran. Les funérailles du jeune nomade eurent un caractère de simplicité bien en harmonie avec ce milieu où venait de s'écouler les jours de sa jeunesse. On l'enveloppa dans ses vêtements, on attacha son corps sur un dromadaire et le convoi se mit silencieusement en marche vers une inclinaison de terrain située à un millier de mètres des tentes où on avait creusé une fosse. Les Maures, la face voilée, escortaient le cadavre en récitant d'une voix lugubre le passage du Coran usité en cette circonstance. On descendit le corps dans la fosse, en ayant soin de lui tourner la face vers l'Orient, ensuite on le couvrit de sable. Une pierre, qu'on dressa à l'emplacement de la tête, fut le seul mausolée du jeune guerrier nomade.

A quelques journées de là, notre départ pour le Sud marocain ayant été décidé, Ibrahim réunit tous les Maures de la tribu. Il leur expliqua la résolution que nous avions prise et la nécessité pour moi de retourner dans mon pays. Mais il leur promettait en mon nom un prompt retour et crut se faire l'interprète de mes pensées en leur assurant combien je regrettais de quitter un pays où les habitants sont de si fidèles observateurs des lois de l'Islam.

Mes fiançailles avec la jeune nomade furent somptueuses ; on égorgea plusieurs moutons, et, en signe de réjouissance, on tira force de coups de fusil. Au repas d'adieu, un vieux thaleb prit la parole, et, dans une improvisation très colorée, démontra que Dieu avait des vues sur moi, car, après m'avoir sauvé d'un grand danger, il me donnait comme compensation de passer le reste de mes jours entre des troupeaux de dromadaires et la charmante Eliazize.

Plusieurs Maures profitèrent de notre voyage pour aller vendre au marché de Glimin des jeunes chamelons dont ils voulaient se débarrasser. Nous laissâmes le campement toujours dans la même région et nous nous mîmes en marche vers le nord au nombre de vingt personnes et trente-cinq chameaux ou chamelons. Dix jours de route nous séparaient de la capitale du Ouad-Noun. Nous traversâmes d'abord la plaine du Dourah, au milieu de laquelle s'élève la nzéla construite par les « Donati ». Cette plaine est précédée d'une contrée très accidentée et entrecoupée de dunes. En plusieurs points émergent des roches primitives et crétacées.

La plaine du Dourah étant en dépression, les pluies hivernales s'y amassent et fertilisent le sol, qui est de constitution argileuse. Cette plaine est traversée par un lit de torrent dont les bords, comme le Saguiat, sont couverts d'arbustes et s'étendent au loin avec l'apparence d'une forêt. La nzéla Donati, de construction récente, bâtie sur un petit plateau crétacé, sert à l'abri des caravanes. Elle se compose de deux bâtiments indépendants de même dimension construits en maçonnerie et crépis à la chaux. Les puits de la nzéla sont très abondants et d'une précieuse ressource pour les caravanes.

Le pays qui s'étend depuis cette plaine du Dourâh jusqu'au cours du Ouad-Drâ, la limite du Ouad-Noun et du Sud marocain, est remarquable par les soulèvements plutoniques dont elle a été le théâtre. On y trouve le lit de quatre grands fleuves qui ont dû, à une époque relativement peu éloignée de nous, féconder cette contrée aujourd'hui déserte. Je ne voudrais pas entrer dans des détails géologiques trop abstraits, de crainte de lasser votre bienveillante attention, mais il existe un tel contraste avec l'aspect de ce pays et la monotonie du désert, dont certainement mon récit a subi l'influence, que je voudrais vous représenter cette nature sauvage et grandiose à la fois telle qu'elle se présenta aux yeux du voyageur. Ces lits de fleuves sont parallèles et très rapprochés les uns des autres. Ils sont précédés d'un lit de rivière, l'Ouad-Meltiguy, dont les berges, coupées à pic, n'ont pas moins de quinze mètres d'altitude; la largeur du lit est de 20 mètres environ. Le premier lit de fleuve est l'Ouad-Agonieh. Tout-à-coup, la plaine bordée de dunes se dérobe devant une immense gorge coupée à pic, au fond de laquelle est tracé le lit sinueux du fleuve. Ce lit est à sec et couvert d'arbustes. La végétation indique que le sous-sol est humide et sert de réservoir aux pluies et aux torrents qui coulent de la plaine. Au fond de la gorge et sur un des bords de l'Ouad, les Maures ont construit, en 1886, un marabout en terre en l'honneur d'un saint personnage mort récemment et du nom de Sidi-Bou-Baker.

J'ai vu là un exemple du respect que portent les nomades à la mémoire des morts. Tous les Maures, en passant devant ce petit monument, venaient prier sur la tombe du saint. Ils se déchaussaient avant d'en franchir le seuil et allaient baiser dévotement la pierre dressée à l'endroit où repose la tête du marabout. Ils faisaient plusieurs fois le tour de la tombe et venaient enfin s'accroupir près de la pierre dont je viens de parler. Ils conversaient alors avec les mânes du mort; ils leur racontaient leurs peines et leurs chagrins et leur faisaient part de leurs joies et de leurs espérances en les priant d'intercéder auprès de Dieu au jour du jugement.

Le second lit de fleuve est l'Andermouss, la gorge a la même apparence que la première, mais avec une ouverture de plus d'un kilomètre.

Les pentes sont coupées à pic et ont 26 mètres de hauteur, la vallée est couverte d'une végétation luxuriante.

Le troisième lit a le même aspect que les précédents, mais avec une ouverture de gorge, plus importante ; les pentes sont crétacées et la vallée est sillonnée par un ruisseau d'eau saumâtre. Après une plaine entrecoupée de collines, le sol se dérobe de nouveau et laisse voir à une profondeur de 120 pieds, une grande vallée dont les pentes ont la même inclination abrupte et au milieu desquelles prend naissance l'Ouad-Gatara. Cette immense vallée se continue jusqu'à la mer, et l'Ouad-Gatara qui n'est qu'un mince ruisseau ne tarde pas à se perdre dans les sables à quelque distance de sa source. Les caravanes en route vers le Ouad-Noun descendent jusqu'à cette source pour abreuver leurs dromadaires, mais l'eau est insipide et légèrement alcaline. Toutes les pentes laissent émerger des quartiers de roche de constitution crétacée. La zone des lits décrits est calcaire et renferme de nombreux « grara » ou dépressions du sol avec végétation arborescente.

En continuant notre marche vers le nord, nous traversâmes une plaine coupée par un marigot et bordée par des collines très accentuées. Entre ces collines, les pluies s'amassent et fertilisent les grara qu'ensemencent les nomades de la région.

A une demi-journée nord du Ouad-Chebika, les collines ont pour terme une vallée immense, la plus grandiose de toutes celles déjà décrites, et qui donne accès à une gorge de plusieurs kilomètres de large, conduisant à l'Ouad-Chebika. Cette gorge est bordée par des roches éruptives affectant toutes les formes, et pour vous faire mieux juger de son aspect, je vais faire la projection d'un croquis que j'ai rapporté. Le fond de la gorge est traversé en partie par un torrent et son sol argileux donne naissance dans sa partie ouest, qui n'est pas représenté sur le croquis, a une végétation des plus luxuriantes.

Le cours du Ouad-Chebika est le plus large de tous les lits de fleuves déjà décrits. Sa largeur est de plusieurs kilomètres ; tout son lit disparaît sous les arbustes qui ont pris naissance dans son lit argileux. Ce ouad est à sec, et l'eau qu'on trouve dans son sous-sol est saumâtre ; son cours est bordé, de part et d'autre, par une chaîne de montagnes granitiques.

Comme je l'ai dit tout à l'heure, le spectacle de ces bouleversements géologiques frappe beaucoup le voyageur arrivant de l'intérieur du Sahara. Ces vallées comblées en partie par des dunes, et couvertes de végétation, sont les vestiges de fleuves majestueux qui ont autrefois roulé leurs eaux impétueuses à travers une nature tropicale. Les pétroglyphes, qu'on rencontre dans le Ouad-Drà, et sur lesquels sont représentés des rhinocéros, des éléphants et des autruches, prouvent d'une manière irrécusable que les conditions climatologiques et géologiques de la contrée ont complètement changé. Il a fallu de grands bouleversements pour dessécher ces fleuves et couper leurs cours par des chaînes de montagnes. Alors, sans doute, des peuples sédentaires vivaient sur ces bords, et peut-être, à l'endroit où le pâtre nomade vient garder ses troupeaux, des villages, des villes mêmes s'élevaient au milieu d'une nature exubérante.

Nous sommes arrivés, Messieurs, aux confins du Sahara occidental, à la frontière des peuples sédentaires du Sud marocain. La nature du sol va ici changer, et le nomade va disparaître pour faire place au laboureur. Mais avant de quitter le Sahara, qu'il me soit permis, en quelques mots, de résumer les traits caractéristiques des Maures nomades, et vous les montrer tels que je les ai vus pendant les cinq mois que j'ai passés au milieu d'eux.

Les Maures sont le mélange de trois races bien distinctes : les Berbères autochtones, les Arabes conquérants, les nègres esclaves. Dans quelques tribus, chacun de ces éléments domine ; mais, par le croisement des clans, les races sont aujourd'hui fort mêlées, et il est, en général, fort difficile de classer les individus.

Leur dialecte est fort pur et il se rapproche beaucoup de l'Arabe littéraire.

Cette pureté de langage provient de l'étude du Coran et des commentateurs arabes, ainsi que de l'application de ces tribus à la littérature. En effet, chez les Maures nomades, l'instruction et le degré intellectuel ont un développement qui forme un contraste frappant avec le caractère des musulmans sédentaires de l'Afrique septentrionale. Leur intelligence, continuellement en éveil par leur vie d'aventures, se développe avec rapidité, et l'on est tout étonné de voir les enfants prendre part, sous la tente, aux discussions les plus graves.

Très fanatiques, ils passent une partie de leur vie à étudier ou commenter le Coran ; et, par leurs discussions théologiques, ils acquièrent des qualités vraiment oratoires. Dans le Sahara occidental, certaines fractions de tribus se vouent à l'éducation des enfants. Les Filalis, par exemple, émigrés autrefois du Tafilelt, et qui résident ordinairement dans la région du Cap Bojador, ont pour principale occupation de réunir autour d'eux des élèves, et ils font de leurs tentes de véritables académies.

Le nomade vagabond et errant à travers les steppes sans autre compagnie que ses troupeaux, en dehors de tout commerce extérieur, a conservé plus intact que les autres peuples arabes les traditions de la race et l'homogénéité du clan ; mais, vivant de privations et exposé à des dangers continuels, la vie sauvage du désert a développé ses instincts farouches ; et si l'on ajoute un fanatisme outré qui trouve un aliment dans l'ignorance même du nomade, on pourra aisément se représenter ce terrible enfant du désert qui jette l'épouvante jusque parmi les populations éloignées de ses frontières. A part cela, le nomade est généreux et hospitalier.

L'hospitalité, je vous l'ai décrite ; vous avez vu avec quelle cordialité elle est offerte. Le nomade aime surtout la famille, et, sous la tente, c'est la vie patriarcale dans toute l'acception du mot. La femme ne pouvant être sequestrée y bénéficie de cet état social qui met en contact les deux sexes. Etant seule épouse sous la tente, elle n'a pas à subir ces rivalités qui, dans d'autres pays, relâchent les liens de famille ; elle est respectée de tous, depuis le chef jusqu'au dernier esclave. Elle possède les mêmes qualités et les mêmes défauts que le Maure, mais les sentiments qui dominent en elle sont la fierté et un amour effréné de la liberté. En un mot, si ce n'est la barbarie et le fanatisme qui établissent une ligne de démarcation trop tranchée entre le monde civilisé, on trouverait de nombreux rapports de son état social avec celui de l'européenne, tel que nos institutions modernes l'ont créé.

En quittant l'Ouad-Chebika, nous ne tardâmes pas à croiser l'Ouad-Drà, qui sert de limite naturelle entre le Sud marocain et le Sahara proprement dit. Le lit de ce fleuve est divisé en plusieurs ruisseaux d'eau courante. Les intervalles sont couverts d'arbustes. Les bords sont formés d'une alluvion noire très légère et qui serait d'une très grande fertilité si on l'utilisait pour la culture. La rive gauche de l'Ouad fait partie du territoire du Ouad-Noun. La constitution du sol change complètement, rien ne rappelle le Sahara, plus de plaines, plus de steppes, rien que des montagnes qui sillonnent le pays en tout sens.

Les montagnes du Noun sont des roches primitives ; dans la partie confinant le Ouad-Drà, le terrain est inculte et peu propice à la culture. Quelques dunes de sable se rencontrent en plusieurs endroits et ses habitants qui vivent encore sous la tente se livrent à l'élevage des bestiaux.

La véritable population sédentaire ne se rencontre qu'à une journée de marche plus au nord, lorsque la nature du sol change et qu'on trouve des pâturages. Le premier village que l'on rencontre est situé entre le Ouad-Dra et Glimin, la capitale du Ouad-Noun. Il se nomme le ksar el Abiar, bâti sur le penchant d'une colline et construit, comme tous les ksars ou villages du pays, en terre glaise.

Avec quelle joie je saluais cette pauvre petite bourgade perdue dans le Sud marocain; le pays était pourtant bien sauvage et bien stérile, les seuls arbres qui rompaient la monotonie du paysage étaient quelques figuiers de Barbarie dont le vert obstiné faisait tache sur la surface fauve de la colline; et cependant ce spectacle était délicieux pour moi.

Adieu le désert, adieu les privations, adieu les farouches nomades; devant moi s'étendaient les riches contrées du Sud marocain : c'était le seuil du Maroc, c'était comme un avant-goût de la civilisation. De loin, entre des chaînes de montagnes, j'entrevoyais des plaines fertiles, des villages nombreux, des pâturages verts : c'était le Souss. Et ce spectacle évoquait en mon âme le souvenir de la patrie que j'avais cru un instant ne jamais revoir.

En approchant du terme de mon voyage, les événements se précipitent de même, et c'est très brièvement que je vais vous raconter mon passage à travers le Sud marocain et mon arrivée au Maroc, où j'ai eu à subir peut être la plus terrible déception.

Du ksar el Abiar il nous fallut une journée de marche pour atteindre la capitale du Ouad-Noun. La distance qui sépare les deux villes n'est que de vingt-cinq kilomètres, mais nous étions fatigués par une longue marche et les montures ne pouvaient allonger leurs pas. Après avoir traversé le Ouad-Assaka, près du ksar el Ouaroun, nous parvînmes à la tombée de la nuit à la capitale du Ouad-Noun.

A notre arrivée à Glimin, Ibrahim me conduisit au caïd Daghman Ould Beyrouk. Il me présenta au chef du Ouad-Noun comme un musulman, et lui expliqua les raisons qui m'obligeaient à m'en retourner chez moi. Le caïd Daghman ne conçut aucun soupçon et m'accorda une large hospitalité. C'est à Glimin que je pris congé d'Ibrahim et des Maures qui m'avaient accompagnés. Venant du Désert avec toute l'apparence d'un Maure, je pus circuler en ville sans attirer l'attention.

Glimin est bâtie sur le penchant d'une colline et possède des jardins pleins de fraîcheur. La ville est entourée d'une simple muraille à peine de hauteur d'homme, qui ne peut être un obstacle qu'aux animaux de bât. Il y a cinq portes. Les juifs occupent un quartier spécial comme dans toutes les cités musulmanes, mais ici ils sont plus considérés que dans le reste du Maroc. Chaque année, il y a une grande foire dans la capitale du Ouad-Noun, et les nomades du Sahara viennent s'approvisionner à ce marché. Cette foire a lieu au mois de juillet et dure cinq jours.

Les habitants du Ouad-Noun servent d'intermédiaires entre les nomades et les Berbères du Souss. Ils ont le costume des habitants du Sahara et parlent leur dialecte. Cet état est administré depuis fort longtemps par une vieille famille de shériffs qui ont acquis une grande influence dans le pays, la famille des Ould Beyrouk. Ils ont, pendant de longues années, résisté aux tentatives belliqueuses des empereurs du Maroc, mais en 1886, lors de la conquête du Souss, ils ont fait soumission complète au sultan Mouley-el-Hassan et Glimin est aujourd'hui occupée par une forte garnison marocaine.

Le gouvernement de cet état est tout patriarcal, et le Ouad-Nouni le plus modeste a son entrée libre dans la maison du caïd. Celui-ci donne audience tous les jours sous l'auvent de sa porte et préside aux soins domestiques aussi bien qu'aux intérêts de son État. Lorsque je fus présenté à lui, il présidait au ferrage de ses ânes et mulets. Quoique très riche, il est d'une simplicité extrême dans ses goûts et dans sa mise. Au bout de quelques jours de repos, je manifestais à Ould Beyrouk mon intention de gagner le Maroc. Il se mit à ma complète disposition et me donna une monture et un soldat comme guide. Comme j'étais presque sans vêtements, vêtu en nomade, il me donna une gilabia, sorte de grande robe en laine blanche, et c'est ainsi équipé que je me mis en route vers le Souss et le Maroc.

En prenant congé de moi, il me recommanda d'aller demander l'hospitalité à son frère Abidïn qui était, pour le moment, en visite auprès du sultan. Il profita de l'occasion de mon départ pour charger mon guide de son courrier du Maroc.

A deux heures de Glimin, on atteint la frontière du Aït Bou Amram. Une chaîne de montagnes, direction est-ouest, délimite les territoires du Souss et du Ouad-Noun. Comme nous étions partis de bonne heure, nous nous arrêtâmes dans une délicieuse petite oasis sur le cours du Ouad-Om-Elaxaer. Nous étions en plein pays berbère. Jusqu'à l'Atlas, nous allions traverser le beau pays du Souss. Cette oasis, dont je parle, est si belle, si pleine de fraîcheur avec ses bassins limpides et ses palmiers ombrageux, que tous les voyageurs y font une halte. Elle est placée sous la protection d'un marabout construit au milieu de la halte, et sous l'invocation de Sidi Moussa, je crois. A notre passage, une quarantaine de Berbères se reposaient à l'ombre des palmiers, tandis qu'une troupe de jeunes gens se baignaient dans le bassin. Quelques-uns de ces Berbères parlaient arabe; j'engageais la conversation avec eux. Ils me parlèrent du Maroc et du sultan; ils déploraient la suzeraineté que Mouley-el-Hassan leur avait imposée. La liberté avait toujours habité leurs montagnes, et ils ne pouvaient s'accommoder du joug pesant que leur faisait subir l'administration marocaine.

Quel contraste avec les nomades du Sahara ! Ceux-ci ne me parlaient que de leurs villages, de leurs champs et de leurs récoltes ; très peu fanatiques, ils ne redoutaient pas du tout le contact des Européens, et plusieurs d'entre eux me manifestèrent le désir d'aller habiter quelque temps l'Algérie pour voir des peuples étrangers. Leur physionomie douce et tranquille inspirait tout de suite la sympathie, et je suis persuadé que si je leur avais dit que j'étais un chrétien, ils auraient accueilli ma déclaration avec cette même tolérance qui fait le fond de leur caractère.

Les habitants du Souss, nommés Schleux, comme les Amarzighs du Riff, sont autochtones. Ils ont été chrétiens avant l'invasion musulmane et ont conservé une langue et des mœurs propres.

Jusqu'à l'invasion de 1886, le Souss est resté indépendant. Il formait un État, sans analogie sans doute comme forme avec un autre gouvernement musulman. C'était une véritable république ; chaque famille ou kabyle plaçait à sa tête un cheikh éligible, dont la tâche était de régler comme arbitre les questions d'intérêt privé, et de sauvegarder à l'extérieur les privilèges du territoire. Mais ils ne payaient ni dîmes, ni impôts, et vivaient dans la plus complète indépendance. L'administration marocaine a changé tout cela, et elle use de sa puissance pour écraser les pauvres Berbères, inhabiles à supporter un tel joug.

Je traversais d'abord la contrée montagneuse du Ait-Bou-Amram, la province la plus puissante et la plus riche du Souss. Son ancien chef, Sidi Houssein, a été un des plus redoutables adversaires du sultan, et c'est lui qui a tenu le plus longtemps levé l'étendard de la révolte. Il mourut de mort subite quelque temps après l'invasion du sultan, d'aucuns disent même violente, et les Berbères voient dans cette mort une preuve de la vengeance et des moyens peu loyaux de Mouley-el-Hassan.

Cette province est très riche en mines d'argent et de cuivre, et les Berbères m'ont assuré que, près d'Erskchich, une de ces mines était en complète exploitation par des gens du sultan.

La richesse de ce pays justifie en partie la jalousie de Mouly-El-Hassun, qui craint peut-être avec raison la convoitise des Européens. De là exclusion complète dans le pays de tout ce qui est chrétien. Et comme je l'ai dit au début de cette relation, les ordres donnés aux Caïds sont si rigoureux que j'aurais été infailliblement saisi et emprisonné si un gouverneur avait appris ma présence. — Je ne pouvais rassasier mes yeux du spectacle magnifique que m'offraient les montagnes pittoresques du Souss, et je reposais avec une véritable jouissance ma vue, fatiguée par cinq mois de désert, sur des prairies émaillées de fleurs, sur des rivières intarissables et sur des collines couvertes de moissons. A chaque instant je rencontrais des villages, et la population répandue dans les champs montrait le degré d'activité de ce peuple si bien doué par la nature.

Dans le Souss on trouve en quantité cet arbre connu à Mogador et ses environs sous le nom d'Argan. Cet arbre produit un fruit à noyau, et c'est avec l'amande que renferme le noyau qu'on fabrique l'huile comestible employée dans le pays. Dans la partie du Souss qui touche la côte, c'est même le seul arbre qui croisse et il y atteint des proportions colossales. — Je me dirigeais du Aït-Bon-Amram vers les villes d'Aglou et Massa, sur la côte Atlantique. Ces deux villes sont éloignées de la mer d'un kilomètre environ et n'offrent aucune des conditions requises pour un port. Elles sont entourées de jardins magnifiques, et sont le centre d'un commerce assez important. Je croisais la splendide vallée de l'Ouad-Souss traversée par la rivière de même nom serpentant à travers des plaines d'alluvion d'une extrême fertilité. J'arrivais enfin à Agadir, bâtie en amphithéâtre sur le penchant sud de l'Atlas, et dont la position sur l'Océan en fait un très beau port naturel. — Après avoir contourné les montagnes de l'Atlas au cap Ghir et traversé les provinces du Haha et des Oulad-Bou-Sbâh, j'arrivais à Marakesh une des capitales de l'empire.

Selon la recommandation du Caïd Ould Beyrouk, j'allais demander l'hospitalité à son frère Abidin. — Vous savez que les Européens ne résident pas dans cette ville marocaine, il ne m'était donc pas possible de quitter les musulmans; et puis je voulais jouer jusqu'au bout le rôle qui m'avait sauvé la vie. — Abidin, m'accueillit d'abord avec affabilité, mais lorsqu'il eut connaissance par mon guide des faits qui m'avaient conduit au Ouad-Noun, il conçut des doutes à mon égard. Ce qui donnait plus de poids à sa méfiance, c'est qu'il avait habité la côte marocaine où il avait vu fréquemment des Européens.

En même temps que moi était arrivée à Maroc la légation anglaise avec quelques touristes qui accompagnaient le ministre de la Grande-Bretagne, sir Kirby Green; une coïncidence voulut qu'un de ces jeunes voyageurs anglais, M. Ferguson, vint rendre visite à cet Abidin, chez qui j'étais. — Lorsque le jeune anglais entra suivi de son interprète, je causais précisément avec mon hôte. — Depuis mon départ des Canaries je n'avais pas vu d'Européens. A cette apparition subite, je ne pût cacher mon trouble et ma physionomie exprima sans doute l'émotion de mon âme. Le touriste frappé de mon regard reconnut en moi un Européen, et il me posa aussitôt des questions. — Oh! j'étais si heureux d'entendre une langue civilisée, que sans souci de ma situation critique, je le questionnais, avide moi aussi de savoir. Et puis pouvais-je penser qu'après avoir échappé aux Maures du Sahara, aux privations et aux souffrances d'un long voyage, je courais un danger sérieux au Maroc, dans une ville visitée par les Européens, à trois jours de marche à peine de Mogador? — Le touriste m'apprit alors comment après avoir fait courir le bruit de ma mort tout le monde même à Mogador me croyait pour le moins en captivité dans le Sahara. M. Lacoste, notre consul, était sur le point d'expédier un messager indigène pour traiter de ma rançon. M. Ferguson voulut me conduire aussitôt au ministre anglais, et ayant demandé la permission à mon hôte, il m'amena avec lui. Sir Kerby Green me fit l'accueil le plus chaleureux, il me reçut comme un père. Je n'avais pour vêtement que la robe que m'avait donné le chef du Ouad-Noun, le ministre anglais me fit cadeau d'un superbe costume marocain, et, après m'avoir donné de même quelques objets de toilette de première nécessité, je pris congé de lui en nous donnant rendez-vous pour le lendemain.

Le soir même, les soldats du sultan me saisissaient, m'enfermaient et me rivaient les fers aux pieds. Je dois avouer que lorsque je sentis les fers m'étreindre pour la seconde fois dans ce voyage néfaste, je ressentis la plus terrible douleur morale. La première fois au début de mon voyage, lorsque les Maures me chargeaient de chaînes, j'avais fait presque le sacrifice de ma vie, le retour dans la patrie me paraissait une impossibilité et j'étais résigné à ma déplorable situation. Mais échouer en vue du port après avoir surmonté les plus grandes difficultés; avoir essuyé vingt fois la mort dans les sables du Sahara pour venir misérablement expirer dans un cachot du Maroc, c'était pour moi une horrible déception. Je pressentais la vérité, le sultan avait appris mon identité, et furieux de ce qu'un européen ait pu traverser ses états du sud, il était décidé à me faire disparaître. Je savais qu'on entre dans les prisons du Maroc, mais qu'on n'en ressort pas, et je me voyais condamné d'avance à mourir empoisonné. Je passai une nuit terrible, et la douleur qu'un malheureux prisonnier exhale dans une poésie marocaine me revenait en mémoire; comme lui, je pourrais murmurer : « quelle nuit j'ai passé dans l'angoisse, mes yeux s'en sont desséchés, l'enfant en eût blanchi. » Les fers serraient trop fortement mes chevilles et les jambes avaient enflé. Je passai le reste de la nuit dans un véritable délire.

Mais il était écrit que je ne serais pas abandonné, et ma bonne étoile apparut le lendemain dans mon cachot, sous la forme d'un renégat qui vint me rendre visite. C'était un jeune belge de la légion étrangère qui avait déserté de l'Algérie. Après mille péripéties il était parvenu à la cour du sultan s'était fait musulman et exerçait auprès de l'empereur sa profession d'armurier.

Cet européen avait ses entrées un peu partout. Ayant appris l'incarcération d'un français, il était venu me voir. Ce jeune homme à ma vue fut ému de compassion et il me déclara qu'il était prêt à tout tenter pour me faire évader. Je le priais d'avertir simplement le ministre anglais de mon incarcération.

Sir Kerby Green, dès qu'il eût appris la nouvelle se rendit auprès du sultan, pour obtenir ma mise en liberté. Ses démarches eûrent un effet immédiat. On fut obligé de me casser les fers sur les pieds, mais la joie et le contentement dominaient la douleur physique, et lorsque sortant de mon cachot je revis la lumière éblouissante du soleil il me sembla que je renaissais à la vie.

Avec les membres de la légation anglaise il me fut facile de gagner Mogador, où M. Lacoste, notre sympathique consul, me prodigua avec générosité tous les soins que réclamaient mon état. Après un court séjour dans cette ville, j'allai me reposer pendant quelques semaines à Saffi, auprès du docteur Allard, un de mes amis, qui m'accorda une hospitalité toute écossaise, et après être enfin devenu l'hôte de M. Brudo, notre agent consulaire à Mazagan, je m'embarquais pour l'Europe.

Tel est, Messieurs, le résumé de ce voyage, qui, comme je l'écrivais à la Société de Géographie de Paris, à mon arrivée à Tanger, commencé dans les fers, s'est terminé dans les fers, et m'a valu avec ses alternatives de joie et de souffrances les plus grandes émotions qui soient réservées au voyageur. Je dois à une destinée amie d'avoir triomphé de tous les obstacles. Malgré tout j'ai pu rapporter de nombreux documents sur des contrées entièrement inexplorées ; la satisfaction morale d'avoir rendu un service si modeste qu'il soit à la science géographique, est ma plus belle récompense.

Partout sur mon passage, j'ai recueilli les marques du plus vif intérêt. A Gibraltar, à Londres, où la Société royale de Géographie me faisait une bien courtoise réception ; au Havre, à Paris, où la Société de Géographie de France, sous la présidence de M. Ferdinand de Lesseps, m'accueillait dernièrement d'une manière si chaleureuse. A votre tour, Messieurs, vous avez tenu à entendre le récit de mon voyage ; cette soirée restera pour moi comme une des épisodes les plus agréables des « joies du retour », cont parle le poète arabe.

Que la Société normande de Géographie reçoive mes remerciements les plus cordiaux.

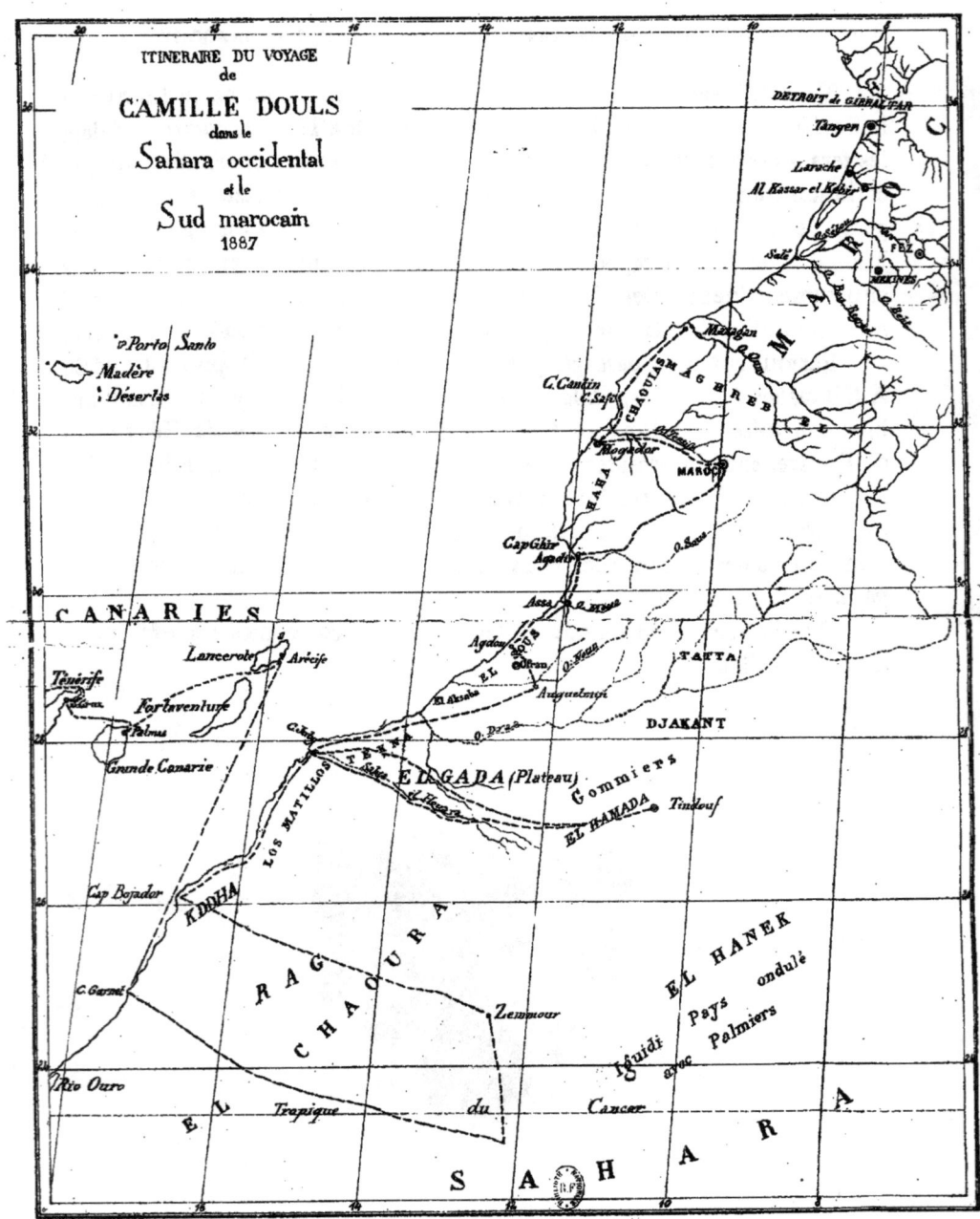

www.ingramcontent.com/pod-product-compliance
Lightning Source LLC
Chambersburg PA
CBHW060516050426
42451CB00009B/1013